*Für Louise Freymann und Jeffrey Freymann-Weyr,*
*die ich liebe, seit wir Welpen waren. – S.F.*

Titel der Originalausgabe
*Dog Food* by Saxton Freymann and Joost Elffers

Zuerst veröffentlicht 2002 in den USA von Scholastic Press, New York



**Deutsche Erstausgabe**



Layout und Design: Elizabeth B. Parisi
Fotografien: Nimkin/Parrinello
Übertragung ins Deutsche: Helene Weinold-Leipold, Aystetten
Umschlaggestaltung: Johannes Frick, Augsburg
Gesamtherstellung: Offizin Andersen Nexö Leipzig GmbH, Spenglerallee 26–30, 04442 Zwenkau
Printed in Germany

ISBN 3-8289-1181-1

Saxton Freymann / Joost Elffers

# Deko-Hunde

## aus Obst und Gemüse

Weltbild

# Guter Hund!

Böser Hund

Schweinehund
Hüt(t)ehund

Hot dog

# Kalter Hund

# Auf den Hund gekommen

## Underdog

Rückh~~a~~und
Hundewurf

Hundefänger

# Hundestaffel

# Hundeschau

# KAMPF

# HUNDE

# Hundehalter

Hundeelend

Hundsmiserabel

Hundekorb

Wachhund
Hundeknochen

# Hundeliebe

# Arbeiten wie ein Hund

Bringholz
Schweiss-
hund
Hundearbeit

Hundemüde

Pssst! Schlafende Hunde soll man nicht wecken.